FLORENCE SCOVEL SHINN

TU PALABRA ES TU VARITA MÁGICA

CONTINUACIÓN DE
EL JUEGO DE LA VIDA Y COMO JUGARLO

Traducido del inglés por
Mauricio Chaves Mesén

BIBLIOTECA DEL ÉXITO # 113

TITULO ORIGINAL EN INGLÉS:
YOUR WORD IS YOUR WAND

CONTENIDOS

1. TU PALABRA ES TU VARITA MÁGICA

¡Tu palabra es tu varita llena de magia y poder!

Jesús recalcó el poder de la palabra; "Por tus palabras serás justificado y por tus palabras serás condenado", y "la muerte y la vida están en poder de la lengua".

Por lo tanto, tienes el poder para cambiar una condición infeliz agitando sobre ella la varita mágica de tu palabra. De esta manera, en el lugar del dolor aparecerá la alegría, en el lugar de la enfermedad aparecerá la salud, en el lugar de la carencia aparecerá la plenitud.

Por ejemplo:

Una mujer vino en busca de un tratamiento para la prosperidad. Tenía solo dos dólares en el mundo. Yo le dije: "Bendecimos estos dos dólares y sabemos que tienes el bolso mágico del Espíritu: nunca se puede agotar, ya que cuando el dinero se va, inmediatamente entra más dinero, bajo la gracia, de manera perfecta. Lo veo siempre lleno de dinero: billetes amarillos, billetes verdes, cheques rosas, cheques azules, cheques blancos, oro, plata y monedas. ¡Lo veo abultado con abundancia! "

Ella respondió: "Siento que mi cartera está llena de dinero", y estaba tan llena de fe que me dio uno de sus dólares como ofrenda de amor. No me atreví a rechazarlo y a ver la carencia que enfrentaba, ya que era importante que mantuviese la imagen de la abundancia.

Poco después recibió un regalo de seis mil dólares.

La fe sin temor y el *"pronunciar la palabra"* hicieron que sucediera.

La afirmación de la cartera mágica es muy poderosa, ya que trae una imagen vívida a la mente. Es imposible no ver su cartera o billetera llenas de dinero cuando usa las palabras "abarrotado, completamente lleno".

La facultad de imaginar es la facultad creativa y es importante elegir palabras que nos produzcan un destello del cumplimiento de la petición.

Nunca fuerces una imagen visualizando; deja que la Idea Divina destelle en tu mente consciente. De esta manera el estudiante estará trabajando de acuerdo con el Diseño Divino.

(Ver *El juego de la vida y cómo jugarlo*)

Jesucristo dijo: "Conoceréis la Verdad y la Verdad os hará libres".

Esto significa que debemos conocer la verdad de cada situación que nos confronta. No hay Verdad en la limitación o en la carencia. El estudiante *agita sobre ella la varita de su Palabra y el desierto se regocija y florece como la rosa.*

El miedo, la duda, la ansiedad, la ira y el resentimiento afectan las células del cuerpo, conmocionan el sistema nervioso y son causa de enfermedades y desastres.

La felicidad y la salud deben ganarse mediante el control absoluto de la naturaleza emocional.

El poder se mueve, pero nunca es movido. Cuando la persona se mantiene tranquila y serena, tiene buen apetito, se siente contenta y feliz, aun cuando las apariencias están en su contra, ha alcanzado el dominio. Luego, tiene el poder de "reprender los vientos y las olas" para controlar las condiciones. ***Su palabra es su varita mágica y transmuta fracasos aparentes en éxitos.***

Sabe que su provisión universal es interminable e inmediata y todas sus necesidades se manifiestan instantáneamente en lo externo.

Por ejemplo:

Una mujer que estaba navegando por el mar se despertó una mañana escuchando las bocinas de niebla del barco. Una densa niebla se había posado en el océano sin signos aparentes de aclararse.

Inmediatamente pronunció la palabra: "No hay niebla en la Mente Divina, así, ¡que se levante la niebla! ¡Doy gracias por el sol!"

Pronto salió el sol, porque el ser humano tiene dominio sobre *"los elementos, sobre todas las cosas creadas"*.

Todos tenemos el poder de levantar la niebla de nuestra vida. Puede ser la niebla de la falta de dinero, falta de amor, de felicidad o de salud.

¡Da gracias por el sol!

2. ÉXITO

Hay ciertas palabras o imágenes que impresionan la mente subconsciente.

Por ejemplo: un hombre me visitó pidiéndome que "pronunciase la palabra" para que encontrase el trabajo correcto.

Le di la declaración:

"¡He aquí, que he puesto delante de ti la puerta abierta del destino y nadie la cerrará!"

Esto no pareció causarle mucha impresión, así que me inspiré para agregar: "¡Y ningún hombre la cerrará porque está *clavada!* "

Esto cargó a este hombre de energía y salió *caminando en el aire.* En pocas semanas lo llamaron a una ciudad distante para ocupar una posición maravillosa que surgió de manera milagrosa.

Doy otro ejemplo:

Una mujer siguió sin temor una "corazonada". Estaba trabajando por un salario muy bajo cuando leyó mi libro, *El Juego de la Vida y Cómo Jugarlo*. En un abrir y cerrar de ojos le vino la idea de comenzar su propio negocio y abrir un salón de té y una tienda de golosinas.

La idea al principio la hizo tambalearse, pero persistió, y siguió adelante con valentía, alquiló un local y contrató personal.

Ella "pronunció la palabra" pidiendo su provisión[1] porque no tenía dinero para respaldar su empresa. El dinero llegó de formas milagrosas, ¡y la tienda se abrió!

Desde el primer día estuvo llena de gente, y ahora está "atestada de gente"; que hace cola y espera.

---

[1] *Supply*. Provisión, que en algunas instancias también se traduce como "*suministro*".

Un día festivo sus empleados se pusieron sombríos, pues según ellos, ese día no podían esperar muchas ventas. Mi estudiante, sin embargo, respondió que Dios era su proveedor y que todos los días era días buenos.

Por la tarde, un viejo amigo vino a ver la tienda y compró una caja de dulces de dos libras. Le dio un cheque y cuando ella lo vio, se dio cuenta de que era por cien dólares. ¡Así que sí fue un buen día! ¡Cien dólares por una caja de dulces!

Ella dice que todas las mañanas entra a la tienda con asombro y agradece que haya tenido la *"fe sin temor que siempre gana"*.

AFIRMACIONES

Las cubiertas están despejadas para la Acción Divina, y lo que es mío viene a mí *bajo la gracia*[2], de forma mágica.

─────

Ahora dejo ir las cosas viejas y las condiciones viejas.

El Orden Divino se establece en mi mente, mi cuerpo y mis asuntos.

"He aquí, que hago todas las cosas nuevas".

─────

Mi bien, que era *aparentemente imposible,* ahora sucede, ¡ahora sucede lo inesperado!

─────

Los "cuatro vientos del éxito" ahora lanzan hacia mí lo que es mío. Desde el

───────────

[2] Esta expresión "bajo la gracia", que la autora usa mucho en el libro, se encuentra en Romanos 6.14, que dice que no estamos bajo la ley, sino bajo la gracia, o sea, en cumplimiento espiritual de la ley de Dios entregada a Moisés. N. de T.

norte, sur, este y oeste viene mi bien infinito.

———

El Cristo en mí ha resucitado, ahora cumplo mi destino.

———

El bien infinito ahora viene a mí de infinitas maneras.

———

Toco mis címbalos y me regocijo, porque el Señor va delante de mí haciendo mi camino claro, fácil y exitoso.

———

Doy gracias por mi éxito arrasador.

Eliminé todo obstáculo delante de mí porque trabajo con el Espíritu y sigo el Plan Divino de mi vida.

———

¡Mi sangre espiritual se despierta! Estoy más que a la altura de esta situación.

———

Estoy despierto a mi bien, y me reúno como mi cosecha de infinitas oportunidades.

———

Soy armonioso, equilibrado y magnético. Ahora atraigo hacia mí lo que es mío. ¡Mi poder es el poder de Dios y es irresistible!

———

Se ha establecido el orden divino en mi mente, mi cuerpo y mis asuntos.

Veo claramente y actúo rápidamente y mis mayores expectativas se cumplen milagrosamente.

———

No hay competencia en el plano espiritual. Lo que es legítimamente mío me es otorgado *bajo la gracia*.

———

Tengo dentro de mí un país por descubrir, que ahora me es revelado en el nombre de Jesucristo.

—————

¡Mirad! He puesto ante ti la puerta abierta del Destino y ningún hombre la cerrará, porque está clavada.

—————

La marea del Destino ha cambiado y ahora todo viene a mí.

—————

Desterré el pasado y ahora vivo en el maravilloso ahora, donde me llegan sorpresas felices todos los días.

—————

No hay oportunidades perdidas en la Mente Divina, ya que cuando una puerta se cierra otra puerta se abre.

—————

Tengo un trabajo mágico de una manera mágica, doy un servicio mágico a cambio de un pago mágico.

—————

El genio dentro de mí ha sido liberado. Ahora cumplo mi destino.

Me hago amigo de los estorbos y cada obstáculo se convierte en un escalón. Todo en el Universo, visible e invisible, está trabajando para traerme lo que es mío.

Doy gracias porque las murallas de Jericó caen y toda carencia, limitación y fracaso se borran de mi conciencia en el nombre de Jesucristo.

Ahora estoy en el camino Real del Éxito, la Felicidad y la Abundancia, todo el tráfico sigue mi camino.

No me cansaré de hacer el bien, porque cuando menos lo espero cosecharé.

¡El Señor va delante de mí y se gana la batalla!

Todos los pensamientos del enemigo son aniquilados.

Soy victorioso en el nombre de Jesucristo.

––––––

No hay obstáculos en la Mente Divina, por lo tanto, no hay nada que obstruya mi bien.

––––––

Todos los obstáculos ahora desaparecen de mi camino. Las puertas se abren, las puertas se levantan y yo entro al Reino de la realización, bajo la gracia.

––––––

El ritmo, la armonía y el equilibrio han sido establecidos en mi mente, mi cuerpo y mis asuntos.

––––––

Nuevos campos de actividad Divina se abren ahora para mí y estos campos están *blancos* con la cosecha.

––––––

La voluntad del ser humano es impotente para interferir con la voluntad de Dios. La voluntad de Dios ahora se hace en mi mente, mi cuerpo y mis asuntos.

––––––

El plan de Dios para mí es permanente y no puede cambiarse.

Soy fiel a mi visión celestial.

––––––

"El Plan Divino de mi vida ahora toma forma en experiencias definidas y concretas que conducen al deseo de mi corazón".

––––––

Ahora extraigo de la Sustancia Universal, con poder y determinación irresistibles, aquello que es mío por Derecho Divino.

––––––

No voy a resistirme a esta situación. La pongo en las manos de la Sabiduría y el Amor infinitos. ¡Que la idea divina se haga realidad!

———

Mi bien ahora fluye hacia mí en un flujo fijo, continuo, y creciente de éxito, felicidad y abundancia.

———

No hay oportunidades perdidas en el Reino. Cuando una puerta se cierra, otra puerta se abre.

———

"No hay nada que temer porque no hay poder que me pueda herir".

Camino hacia el león en mi senda y encuentro un ángel con armadura, y la victoria en el nombre de Jesucristo.

———

Estoy en perfecta armonía con el funcionamiento de la ley. Me hago a un lado y dejo que la Inteligencia Infinita haga mí camino fácil y exitoso.

———————

El suelo en el que estoy es suelo santo; el suelo en el que estoy es suelo de éxito.

———————

Nuevos campos de Actividad divina ahora se abren para mí.

Se abren puertas inesperadas y se liberan canales inesperados.

———————

¡Lo que Dios ha hecho por otros lo puede hacer por mí y más!

———————

Soy tan necesario para Dios como Él lo es para mí, porque soy el canal para que se cumpla su plan.

———————

No limito a Dios viendo limitación en mí mismo. Con Dios y conmigo, todo es posible.

Dar precede al recibir. Lo que doy a los demás precede lo que Dios me da a mí.

Cada persona es un eslabón de oro en la cadena de mi bien.

Mi aplomo está construido sobre la roca. Veo claramente y actúo rápidamente.

Dios no puede fallar, así que yo no puedo fallar. "El guerrero dentro de mí" ya ha ganado.

Tu reino viene a mí, Tu voluntad se hace en mí y en mis asuntos.

3. PROSPERIDAD

(Ver también *El Juego de la Vida y Cómo Jugarlo.*)

El ser humano viene al mundo financiado por Dios, con todo lo que desea o lo que requiere ya puesto en su camino.

Este suministro, esta provisión, se libera a través de la fe y de *la Palabra Hablada.*

"Si puedes creer, todas las cosas son posibles".

Por ejemplo:

Una mujer me visitó un día para contarme su experiencia en el uso de una afirmación que había leído en mi libro *El Juego de la Vida y Cómo Jugarlo.*

Deseaba obtener un buen papel en los escenarios teatrales, pero no tenía experiencia. Ella tomó la afirmación:

"Espíritu infinito, abre el camino para mi gran abundancia. Soy un imán

irresistible para todo lo que me pertenece por Derecho Divino".

Pronto le dieron un papel muy importante en una exitosa ópera.

Ella me dijo: "Fue un milagro, debido a esa afirmación que repetí cientos de veces".

Afirmaciones

Ahora extraigo de la abundancia de las esferas mi suministro inmediato y sin fin.

¡Todos los canales están libres!

¡Todas las puertas están abiertas!

————

Ahora libero la mina de oro dentro de mí. Estoy conectado a una corriente de prosperidad dorada que no tiene fin, y que me llega *bajo la gracia* de manera perfecta.

————

La bondad y la misericordia me seguirán todos los días de mi vida y habitaré en la casa de la abundancia para siempre.

—————

Mi Dios es un Dios de abundancia y ahora recibo todo lo que deseo o requiero, y más.

—————

Todo lo que es mío por Derecho Divino ahora se libera y llega a mí en grandes avalanchas de abundancia, bajo la gracia, de manera milagrosa.

—————

Mi provisión es infinita, inagotable e inmediata y llega a mí bajo la gracia de manera perfecta.

—————

Todos los canales están libres y todas las puertas se abren para mi provisión inmediata y sin fin, divinamente diseñada.

—————

Mis barcos navegan sobre un mar tranquilo, bajo la gracia de manera perfecta.

—————

Agradezco que los millones que son míos por Derecho Divino, ahora fluyen y se apilan bajo la gracia de manera perfecta.

———

Puertas inesperadas se abren, canales inesperados se liberan, y avalanchas infinitas de abundancia se derraman sobre mí, bajo la gracia, de manera perfecta.

———

Gasto dinero bajo la inspiración directa con sabiduría y sin temor, sabiendo que mi provisión es infinita e inmediata.

———

No tengo miedo de dejar salir el dinero, sabiendo que Dios es mi suministro y provisión inmediata y sin fin.

4. FELICIDAD.

En la maravillosa película, "*El ladrón de Bagdad*", nos dijeron en letras luminosas que *¡la felicidad debe ganarse!*

Se gana a través del perfecto control de la naturaleza emocional.

No puede haber felicidad donde hay miedo, aprensión o temor. Con una fe perfecta en Dios viene un sentimiento de seguridad y felicidad.

Cuando uno sabe que hay un poder invencible que lo protege -- y que protege también a todo lo que ama--, y que le procura todo deseo justo del corazón, toda tensión nerviosa se relaja, y está feliz y satisfecho. No le molestan las apariencias adversas, sabiendo que la Inteligencia Infinita está protegiendo sus intereses y utilizando cada situación para que suceda su mayor bien.

"Haré un camino en el desierto; y ríos en los desiertos".

La cabeza que lleva un ceño fruncido no está bien. La ira, el resentimiento, la mala voluntad, los celos y la venganza nos quitan la felicidad y traen consigo la enfermedad, el fracaso y la pobreza.

El resentimiento ha arruinado más hogares que la bebida y ha matado a más personas que la guerra.

Por ejemplo:

Había una mujer sana, feliz y casada con un hombre que amaba.

El hombre murió y dejó parte de su patrimonio a un familiar. La mujer se llenó de resentimiento. Perdió peso, no podía hacer su trabajo, desarrolló cálculos biliares y se puso muy enferma.

Un metafísico la llamó un día, y le dijo: "Mujer, mira lo que el odio y el resentimiento te han hecho; han causado que se formen piedras duras en tu cuerpo y solo el perdón y la buena voluntad pueden curarte".

La mujer vio la Verdad de la declaración. Se volvió armoniosa y perdonó, y recuperó su espléndida salud.

Afirmaciones

Ahora estoy inundado de la felicidad que se planeó para mí desde el Principio de los Tiempos. Mis graneros están llenos, mi copa rebosa de alegría.

———

Mi bien infinito ahora me llega de maneras infinitas.

Siento una alegría maravillosa de una manera maravillosa, y mi alegría maravillosa ha llegado para quedarse.

———

Cada día vienen a mí *felices sorpresas*. "Miro con asombro lo que está delante de mí".

Camino audazmente hacia el león en mi camino y descubro que es un amistoso perro Airedale terrier.

—————

Soy armonioso, alegre, radiante; y me he liberado de la tiranía del miedo.

—————

Mi felicidad está construida sobre una roca. Es mía ahora y por toda la eternidad.

—————

Mi bien ahora fluye hacia mí en una corriente de felicidad constante e ininterrumpida que es cada vez mayor.

—————

Mi felicidad es asunto de Dios, por lo tanto, nadie puede interferir.

——————

Como soy uno con Dios, ahora soy uno con el deseo de mi corazón.

——————

Doy gracias por mi felicidad permanente, mi salud permanente, mi riqueza permanente, mi amor permanente.

——————

Soy armonioso, feliz y divinamente magnético, y ahora atraigo hacia mí mis barcos sobre un mar tranquilo.

——————

Las ideas de Dios para mí son perfectas y permanentes.

——————

El deseo de mi corazón es una idea perfecta en la Mente Divina, incorruptible e indestructible, y ahora sucede, bajo la gracia de una manera mágica.

5. AMOR

Junto al amor suele venir un miedo terrible. Casi todas las mujeres vienen al mundo con una "mítica" o imaginaria mujer en el fondo de su mente, una que *le robará* el amor, la cual ha sido llamada "la otra mujer". Por supuesto, esto viene de la creencia de la mujer en la dualidad. Y en el tanto ella visualice interferencia, está interferencia llegará a suceder.

Por lo general, es muy difícil para una mujer visualizarse amada por el hombre que ama, por lo que las siguientes afirmaciones son para impresionar la verdad de la situación en su mente subconsciente, ya que en realidad solo existe la unidad. (Ver *El Juego de la Vida y Cómo Jugarlo*.)

Afirmaciones

Como soy uno con Dios, el Indivisible, soy uno con mi amor indivisible y mi felicidad indivisible.

———

La Luz de Cristo en mi interior ahora elimina todo temor, duda, ira y resentimiento. El amor de Dios fluye a través de mí como una corriente magnética irresistible. Sólo veo perfección y atraigo lo que me pertenece.

———

El Amor Divino, a través de mí, disuelve ahora todos los obstáculos aparentes y hace que mi camino sea claro, fácil y exitoso.

———

Amo a todos y todos me aman. Mi enemigo aparente se convierte en mi amigo, y en un eslabón dorado en la cadena de mi bien.

———

Estoy en paz conmigo mismo y con todo el mundo. Amo a todos y todos me aman. Las compuertas de mi bien ya están abiertas.

6. MATRIMONIO

A menos que el matrimonio se construya sobre la roca de la unidad, no puede mantenerse.

"Dos almas con un solo pensamiento,
dos corazones que laten como uno".

El poeta entendió esto, porque a menos que el hombre y la esposa estén viviendo los mismos pensamientos (o viviendo en el mismo mundo del pensamiento), inevitablemente se irán separando.

El pensamiento es una tremenda fuerza vibratoria y el ser humano se siente atraído por sus creaciones mentales.

Por ejemplo:

Un hombre y una mujer se casaron y aparentemente eran felices. El hombre tuvo éxito y sus gustos mejoraron, pero la esposa todavía vivía en una conciencia de limitación.

Cada vez que el hombre compraba algo, iba a las mejores tiendas y seleccionaba lo que necesitaba sin importar el precio.

Cada vez que la esposa salía de compras, iba sólo a las tiendas de liquidación y a las de todo por un dólar.

Él vivía (en pensamiento), en la Quinta Avenida y en el caso de ella, su mundo mental estaba en la *Tercera Avenida*.

Con el tiempo llegó la ruptura y la separación.

Esto lo vemos tan a menudo en los casos de hombres ricos y exitosos que abandonan a sus fieles y trabajadoras esposas más adelante en la vida.

La esposa debe seguir el ritmo de los gustos y las ambiciones de su marido y vivir en su mundo de pensamiento, ya que *donde un hombre piensa en su corazón que está, allí está.*

Para cada persona existe su "otra mitad", la selección divina. Estos dos son uno en sus mundos de pensamiento. Estos son los dos *"a quienes Dios ha unido y ningún hombre separará (o podrá separar)".* "Los dos serán hechos uno", porque en la mente superconsciente de cada uno está el mismo Plan Divino.

AFIRMACIÓN

Doy gracias porque el matrimonio hecho en el cielo ahora se manifiesta en la tierra. "Los dos serán hechos uno" ahora y por toda la eternidad.

7. PERDÓN

Afirmaciones

Perdono a todos y todos me perdonan. Las puertas de mi bien se abren.

———

Invoco la ley del perdón. Estoy libre de errores y de las consecuencias de los errores. Estoy *bajo la gracia* y no bajo la ley kármica.

———

Aunque mis errores sean color escarlata, seré lavado y quedaré más blanco que la nieve.

———

Lo que no sucedió en el Reino nunca sucedió en ninguna parte.

8. PALABRAS DE SABIDURÍA

Afirmaciones

"La fe sin valor está muerta".

—————

Nunca hay obstáculo entre la copa correcta y el labio correcto.

—————

Nunca mires hacia abajo, o nunca saltarías.

—————

Dios trabaja en lugares inesperados, a través de personas inesperadas, en momentos inesperados, y hace así sus maravillas.

—————

El poder se mueve, pero nunca puede ser movido.

—————

Amar a tu prójimo significa no limitar a tu prójimo en palabra, pensamiento o acción.

———————

"Nunca discutas con una corazonada".

———————

Cristóbal Colón siguió una corazonada.

———————

El Reino de los cielos es el Reino de las ideas perfectas.

———————

Está oscuro antes del amanecer, pero el amanecer nunca deja de llegar. Confía en el alba.

———————

Cuando tengas dudas, juega a triunfar: haz sin temor aquello que sea intrépido.

———————

Las cosas hechas *sin miedo* son las que cuentan.

———————

Nunca hagas hoy lo que la intuición dice que hagas mañana.

—————

Es una gran vida si no la racionalizas tanto.

—————

Mira a tu prójimo como a ti mismo.

—————

Nunca obstaculices la corazonada de otro.

—————

El egoísmo amarra y bloquea; pero todo pensamiento amoroso y desinteresado contiene el germen del éxito.

—————

No te canses de soñar. Cuando menos lo esperes, cosecharás.

—————

La fe es elástica. Estírala hasta el final, hasta que llegue tu demostración.

—————

Antes de llamar ya se te ha respondido, pues la provisión precede a la demanda.

———————

Lo que haces por los demás lo haces por ti mismo.

———————

Cada acto realizado mientras estás enojado o resentido acarrea una reacción infeliz.

———————

El engaño y el subterfugio son seguidos por la tristeza y la decepción. El camino del transgresor es duro; pero *"Nada bueno se escatimará a aquel que camina recto"*.

———————

No hay poder en el mal. El mal *no* es *nada*; por lo tanto, solo puede llegar *a la nada*.

———————

El miedo y la impaciencia desmagnetizan. La serenidad magnetiza.

———––

Ahoga la mente razonadora con tus afirmaciones. Josafat tocó sus címbalos para no escucharse a sí mismo pensar.

———––

Toda esclavitud es una ilusión de la conciencia de la raza humana. *Siempre hay una salida a toda situación, bajo la gracia*. Toda persona es libre de hacer la voluntad de Dios.

———––

El "*estar seguro*" es más fuerte que "*ser optimista*".

———––

"Las ideas divinas nunca entran en conflicto".

———––

Es peligroso detenerse en medio de una corazonada.

———––

El espíritu infinito nunca llega tarde.

9. FE

La esperanza mira hacia adelante, la fe sabe que *ya ha recibido* y actúa en consecuencia.

En mis clases a menudo enfatizo la importancia de cavar trincheras (o prepararme para lo estoy pidiendo), lo cual muestra una fe activa y hace que la demostración se dé. (Ver *El Juego de la Vida y Cómo Jugarlo*.)

Un hombre de mi clase, a quien yo llamaba *"el alma de la fiesta"*, porque siempre trataba de encontrar −sin éxito− una pregunta a la que yo no podía responder, preguntó:

"¿Por qué tantas mujeres que preparan "Cofres de Esperanza"[3] nunca se casan?

---

[3] Un cofre de esperanza, también llamado cofre de dote, cofre de ajuar o *caja de gloria* es un mueble usado tradicionalmente por mujeres jóvenes solteras para guardar artículos como ropa y sábanas, en anticipación de la vida matrimonial. N. de T.

Respondí: "Porque son "cofres de esperanza" y no "cofres de fe".

La futura novia también viola la ley al contarle de esto a otros.

Sus amigos entran y se sientan en el Cofre de Esperanza y dudan, o esperan que nunca tenga éxito.

"Ora a tu Padre en secreto, y tu Padre te recompensará abiertamente".

El estudiante nunca debe hablar de una demostración hasta que esta "se ha consolidado" o ya ha sucedido en lo externo.

Por lo tanto, el Cofre de Esperanza debe convertirse en un Cofre de Fe, y mantenerse fuera del ojo público, y la *palabra debe ser pronunciada* a fin de que se dé la Selección

Divina de un esposo, bajo la gracia de manera perfecta.

Aquellos a quienes Dios ha unido, ningún pensamiento puede separar.

Afirmaciones

Las apariencias adversas funcionan para mi bien, porque Dios utiliza a cada persona y cada situación para cumplir el deseo de mi corazón.

¡Los estorbos son mis amigos y los obstáculos son resortes! ¡Ahora salto hacia mi bien!

―――――

Como soy uno con el Indivisible, soy uno con mi bien indivisible.

―――――

Como la aguja de la brújula es fiel al norte, lo que en derecho me corresponde es verdadero para mí. ¡Soy el norte!

―――――

"¡Ahora estoy unido mediante un cordón magnético invisible e irrompible con todo lo que me pertenece por Derecho Divino!

―――――

¡Tu Reino ya ha venido! Tu voluntad se hace en mí y en mis asuntos.

———

Todo plan que mi Padre celestial no ha diseñado se disuelve y borra ahora mismo; y el Diseño Divino para mi vida ahora se cumple.

———

Lo que Dios me ha dado nunca se me puede quitar porque sus dones son para toda la eternidad.

———

Mi fe está construida sobre una roca y el deseo de mi corazón ahora se cumple, bajo la gracia, de una manera milagrosa.

———

Veo mi bien rodeado de un brillo dorado de gloria. Veo mis campos que brillan de blanco con la cosecha.

———

Dios es mi suministro inagotable e inmediato de todo bien.

———————

Estoy sereno y lleno de poder, mis mayores expectativas se realizan de manera milagrosa.

———————

Riego mi desierto con fe y de repente florece como la rosa.

———————

Ahora ejercito mi *fe sin temor* de tres maneras: pensando, hablando y actuando.

———————

Las apariencias *no me mueven*, por lo tanto, las apariencias son las que *se mueven*.

———————

Permanezco firme, inamovible, dando gracias porque mi aparentemente imposible bien sucederá, porque sé que con

Dios será fácil lograrlo, y su tiempo es ahora.

––––––

Los planes de Dios para mí están construidos sobre una roca. Lo que era mío al principio, es mío ahora y siempre será mío.

––––––

Si no hay nada que derrote a Dios, por lo tanto, no hay nada que me derrote.

––––––

Espero pacientemente en el Señor, confío en Él, no me preocupo por los malhechores (porque cada persona es un eslabón dorado en la cadena de mi bien) ¡y ahora me concede los deseos de mi corazón! (Ver Salmo 37).

––––––

Ahora tengo la fe de Cristo, la fe sin temor, en mi interior. Cuando me acerco las barreras se desvanecen y los obstáculos desaparecen.

———

Soy inquebrantable, inamovible, porque los campos ya están blancos con la cosecha. Mi fe en Dios, mi fe sin temor, ahora ejecuta el Diseño Divino de mi vida.

———

Todo el miedo es desterrado en el nombre de Jesucristo, porque sé que no hay poder que pueda lastimarme. Dios es el único poder.

———

Estoy en perfecta armonía con el funcionamiento de la ley, porque sé que la Inteligencia Infinita no sabe nada de obstáculos, de tiempo o de espacio. Sólo sabe de terminar y completar sus obras.

———

Dios obra de manera inesperada y mágica para realizar sus maravillas.

———————

Ahora me preparo para el cumplimiento del deseo de mi corazón. Le muestro a Dios que creo que mantendrá SU promesa.

———————

Ahora profundizo mis trincheras con fe y comprensión, y el deseo de mi corazón se cumple de manera sorprendente.

———————

Mis trincheras se llenarán en el momento adecuado, con todo lo que he pedido, ¡y más!

———————

Ahora "puse a huir al ejército extranjero " (los pensamientos negativos). Se alimentan de miedo, pero mueren de hambre cuando hay fe.

———————

Las ideas de Dios no pueden ser movidas, por lo tanto, lo que es mío por Derecho Divino siempre estará conmigo.

———

Doy gracias porque ahora recibo los deseos justos de mi corazón. Las montañas son removidas, los valles rellenados y cada lugar torcido se endereza. Estoy en el Reino de cumplimiento.

———

Tengo perfecta confianza en Dios; y Dios tiene perfecta confianza en mí.

———

Las promesas de Dios están construidas sobre una roca. Así como lo he pedido, debo recibirlo.

———

"Nunca me dejes alejarme del deseo de mi corazón".

———

No limito al Santo de Israel, en palabra, pensamiento o acción.

Con Dios todas las cosas son fáciles y posibles ahora.

———

Ahora me hago a un lado y veo a Dios trabajar. Me interesa ver cuán rápido y cuán fácilmente Él hace que se cumplan los deseos de mi corazón.

———

Antes de que llamara me respondieron y ahora me reúno con mi cosecha de una manera notable.

———

El que vigila el deseo de mi corazón "No dormita ni duerme".

———

Puertas que parecían imposibles ahora se abren, canales que parecían imposibles ahora se liberan, en el nombre de Jesucristo.

―――――

Mi bien es una idea perfecta y permanente en la Mente Divina, y debe manifestarse porque no hay nada que prevenir.

¡Lanzo todas las cargas sobre el Cristo interior y me libero!

10. PÉRDIDA

Si la persona pierde algo, muestra que hay una creencia de pérdida en su mente subconsciente. A medida que borra esta falsa creencia, el artículo, o su equivalente, aparecerá en el exterior.

Por ejemplo:

Una mujer perdió un lápiz de plata en un teatro. Hizo todo lo posible para encontrarlo, pero no le fue devuelto.

Ella negó la pérdida, haciendo la afirmación:

"Niego la pérdida, no hay pérdida en la Mente Divina, por lo tanto no puedo perder ese lápiz. Lo recibiré, o recibiré su equivalente".

Pasaron varias semanas. Un día estaba con una amiga que llevaba un hermoso lápiz dorado en un cordón alrededor de su cuello. De pronto, esta se volvió hacia ella y le dijo: "¿Quieres este lápiz? Pagué cincuenta dólares en Tiffany's".

La mujer estaba sorprendida y respondió (casi olvidando agradecer a su amiga) "¡Oh, Dios, ¿no eres maravilloso? ¡El lápiz de plata no era lo suficientemente bueno para mí!"

El ser humano solo puede perder lo que no le pertenece por derecho divino, o lo que no es lo suficientemente bueno para él.

Afirmaciones

No hay pérdida en la Mente Divina, por lo tanto, no puedo perder nada que sea legítimamente mío.

¡La inteligencia infinita nunca llega tarde! La Inteligencia Infinita conoce el camino de la recuperación.

———

No hay pérdida en la Mente Divina, por lo tanto, no puedo perder nada que me pertenece. Lo perdido será restaurado o recibiré su equivalente.

11. DEUDA

Si una persona está endeudada, o la gente le debe dinero, eso demuestra que en su mente subconsciente hay una creencia de deuda. Esta creencia debe ser neutralizada para poder cambiar las condiciones.

Por ejemplo:

Una mujer que me visitó me contó que un hombre le debía mil dólares desde hacía años, pero que ella no podía obligarle a pagar.

Yo le dije: "Debes trabajar en ti misma, no en ese hombre", y le di esta declaración: *"Niego la deuda, no hay deuda en la Mente Divina, ningún hombre me debe nada, todo ha sido arreglado. Envío a ese hombre amor y perdón."*

En pocas semanas recibió una carta del hombre en la que decía que se proponía enviarle el dinero, y en aproximadamente un mes llegaron los mil dólares.

Si es el estudiante quien debe dinero, debe cambiar la declaración: "No hay deuda en la Mente Divina, por lo tanto, no debo nada a nadie, todo ha sido arreglado. Todas mis obligaciones desaparecen ahora, bajo la gracia de una manera perfecta ".

AFIRMACIONES

Niego la deuda, no hay deuda en la Mente Divina, por lo tanto, no le debo nada a nadie.

———

Todas las obligaciones son eliminadas ahora, bajo la gracia, de una manera milagrosa.

———

Niego la deuda, no hay deuda en la Mente Divina, nadie me debe nada, todo ha sido arreglado. Envío amor y perdón.

12. VENTAS

Una mujer que vivía en un pueblo rural deseaba vender su casa y sus muebles. Era un invierno con nieve tan profunda que era casi imposible que los coches de caballos o los autos llegaran a su puerta.

Como ella le había pedido a Dios que sus muebles se vendieran a la persona correcta por el precio correcto, ella no puso atención a las apariencias externas. Lustró los muebles, los puso en el centro de la habitación y se preparó para venderlos.

"Nunca miré la borrasca por la ventana" me dijo, "simplemente confié en las promesas de Dios".

En formas milagrosas la gente llegó hasta su casa y todos los muebles se vendieron. También se vendió la casa, sin tener que pagar comisión a un agente.

La fe nunca mira la borrasca por la ventana, simplemente se prepara para recibir la bendición que se ha pedido.

AFIRMACIÓN

Doy gracias porque este artículo (o propiedad) ahora se vende a la persona o personas correctas por el precio correcto, dando una satisfacción perfecta.

13. ENTREVISTAS

AFIRMACIONES

No hay competencia en el plano espiritual. Lo que es mío me es dado, bajo la gracia.

─────

Estoy identificado en amor con el Espíritu de esta persona (o personas). Dios protege mis intereses y la Idea Divina ahora sale de esta situación.

14. DIRECCIÓN

Siempre en el camino de una persona está su mensaje o su indicación.

Por ejemplo: una mujer estaba muy preocupada por una situación infeliz, y pensaba para sí: "¿Se aclarará todo esto alguna vez?"

Estaba con su criada, que comenzó a hablarle de sus experiencias. La mujer estaba demasiado preocupada como para interesarse, pero escuchó pacientemente. La criada le dijo: "Trabajé en un hotel donde había un jardinero muy entretenido, que siempre decía cosas graciosas. Había estado lloviendo durante tres días y le dije: '¿Crees que alguna vez desaparecerá la lluvia y se aclarará el cielo?' Y él respondió: "Dios mío, ¿no siempre se aclara?"

¡La mujer se asombró! Era la respuesta a sus pensamientos, así que dijo con reverencia, "Sí, ¡con mi Dios siempre todo se aclara!" Poco después, su problema desapareció de una manera inesperada.

AFIRMACIONES

Espíritu infinito, dame sabiduría para aprovechar al máximo mis oportunidades. Nunca dejes que me pierda de una oportunidad.

————

Siempre estoy bajo inspiración directa. Sé exactamente qué hacer y obedezco instantáneamente mis pistas intuitivas.

————

Mi ángel del destino va delante de mí, manteniéndome en el Camino.

————

Todo el poder me es dado para ser manso y humilde de corazón.

Estoy dispuesto a ser el último, por lo tanto, ¡soy el primero!

————

Ahora coloco mi voluntad personal sobre el altar.

Tu voluntad, no mi voluntad; Tu camino, no mi camino; Tu tiempo, no mi tiempo, *¡y en un abrir y cerrar de ojos ya todo está hecho!*

––––––

No hay misterios en el Reino. Todo lo que debería saber ahora me será revelado, bajo la gracia.

––––––

Soy un instrumento perfecto y que no ofrece resistencia para que Dios trabaje, y el plan perfecto que tiene para mí ahora sucede de una manera mágica.

15. PROTECCIÓN

AFIRMACIONES

Estoy rodeado por la Luz Blanca del Cristo, a través de la cual nada negativo puede penetrar.

———

Camino en la Luz de Cristo y mis *gigantes de temor* se reducen a nada.

———

No hay nada que se oponga a mi bien.

16. MEMORIA

AFIRMACIÓN

No hay pérdida de memoria en la Mente Divina, por lo tanto, recuerdo todo lo que debería recordar y olvido todo lo que no es para mi bien.

17. DISEÑO DIVINO

¡Hay un diseño divino para cada persona! Así como la imagen perfecta del roble está en la bellota, el patrón divino de su vida está en la mente superconsciente del ser humano.

En el Diseño Divino no hay limitación. Solo hay salud, riqueza, amor y perfecta autoexpresión. Así que en el camino de la persona siempre hay una Selección Divina. Cada día debe vivir de acuerdo con el Plan

Divino o de lo contrario, tener reacciones infelices.

Por ejemplo:

Una mujer se mudó a un nuevo apartamento que casi había terminado de amueblar cuando se le ocurrió la idea de que: *"¡En ese lado de la habitación debería haber un gabinete chino!*

Poco después, caminaba frente a una tienda de antigüedades. Echó un vistazo y allí estaba un magnífico gabinete chino de unos ocho pies de altura, tallado de forma elaborada.

Entró y preguntó el precio. El vendedor le dijo que valía mil dólares. Sin embargo, agregó que su dueña estaba dispuesta a venderlo por menos. "¿Cuánto ofrecería por él?", le preguntó él finalmente.

La mujer hizo una pausa y la suma de "Doscientos dólares" le vino a la mente, así que respondió: "Doscientos dólares". El vendedor dijo que le haría saber si la oferta era satisfactoria.

Ella no quería aprovecharse de nadie ni obtener nada que no fuera legítimamente suyo, por lo que fue a su casa y dijo repetidamente: "Si es mío, no puedo perderlo y si no es mío, no lo quiero".

Ese día nevaba, por lo que enfatizó sus palabras pateando la nieve de derecha a izquierda, despejando un camino hacia su apartamento.

Pasaron varios días, y finalmente se le comunicó ¡que la mujer estaba dispuesta a vender el gabinete por doscientos dólares!

Hay una oferta para cada demanda, desde armarios chinos hasta millones de dólares. "Antes de que llames, responderé", pero, a menos que sea el gabinete o los millones *Divinamente Seleccionados*, nunca traerán felicidad.

"Si el Señor no edifica la casa, en vano trabajan los que la edifican". (Salmo 127-1.)

Afirmaciones

Dejo ir todo lo que no fue diseñado divinamente para mí, y el plan perfecto de mi vida ahora se cumple.

———

Lo que es mío por Derecho Divino nunca me puede ser quitado.

———

El plan perfecto de Dios para mí está construido sobre una roca.

———

Sigo el camino mágico de la intuición y me encuentro en mi Tierra Prometida, bajo la gracia.

———

Mi mente, cuerpo y asuntos ahora están moldeados de acuerdo con el patrón divino interno.

———

"Dios es el único poder y ese poder está dentro de mí. Solo hay un plan, el plan de Dios, y ese plan ahora se cumple".

———————

"Doy gracias porque ahora obtengo de la Sustancia Universal todo lo que satisface todos los deseos justos de mi corazón".

———————

El diseño divino de mi vida ahora se cumple. Ahora lleno el lugar que puedo llenar y que nadie más puede llenar. Ahora hago las cosas que puedo hacer y que nadie más puede hacer.

———————

Estoy completamente equipado para el Plan Divino de mi vida; estoy más que a la altura de la situación.

———————

Ahora todas las puertas se abren para recibir sorpresas felices y el Plan Divino de mi vida se acelera bajo la gracia.

18. SALUD

Cuando la persona es armoniosa y feliz, ¡está sana! Toda enfermedad proviene del pecado o de la violación de la Ley Espiritual.

Jesucristo dijo: "Que seas curado, tus pecados te son perdonados".

El resentimiento, la mala voluntad, el odio, el miedo, etc., etc., debilitan las células del cuerpo y envenenan la sangre. (Ver *El Juego de la Vida y Cómo Jugarlo*).

Los accidentes, la vejez y la muerte en sí, provienen de tener imágenes mentales equivocadas.

Cuando el ser humano se vea a sí mismo como Dios lo ve, se convertirá en un ser radiante, sin tiempo, sin nacimiento y sin muerte, porque "Dios hizo al humano a su imagen y semejanza".

AFIRMACIONES

Niego la fatiga, porque no hay nada que me canse. Vivo en el Reino de la alegría eterna y de los intereses absorbentes.

Mi cuerpo es "el cuerpo eléctrico", atemporal e incansable, sin nacimiento y sin muerte.

¡El tiempo y el espacio han sido borrados!

———

¡Vivo en el maravilloso ahora, sin nacimiento y sin muerte!

¡Soy uno con El UNO!

———

Señor, TÚ en mí ERES:

Alegría eterna

Juventud eterna.

Riqueza eterna

Salud eterna

Amor eterno.

Vida eterna.

———––

Soy un Ser espiritual; mi cuerpo es perfecto, hecho a Su semejanza e imagen.

———––

La Luz del Cristo ahora fluye a través de cada célula. Doy gracias por mi radiante salud.

19. OJOS

(*Visión imperfecta. Correspondencias: miedo, sospecha, ver obstáculos. Observar que ocurren sucesos infelices, vivir en el pasado o en el futuro, no vivir en el AHORA*).

AFIRMACIONES

La Luz del Cristo ahora inunda mis ojos. Tengo la visión cristalina del Espíritu. Veo clara y distintamente que no hay obstáculos en mi camino.

_____

Veo claramente el cumplimiento del deseo de mi corazón.

_____

Tengo la visión de rayos X del Espíritu. Veo a través de los aparentes obstáculos. Veo claramente que el milagro sucedió.

_____

Tengo la visión cristalina del Espíritu, veo claramente el camino abierto. No hay obstáculos en mi camino. Ahora veo que se hacen milagros y maravillas.

—————

Doy gracias por mi vista perfecta. Veo a Dios en todas las caras, veo el bien en cada situación.

—————

Tengo la visión cristalina del Espíritu. Miro hacia arriba y hacia abajo y alrededor, porque mi bien viene del Norte, Sur, Este y Oeste.

—————

Mis ojos son los ojos de Dios, perfectos e impecables. La Luz del Cristo inunda mis ojos y quita los obstáculos de mi camino. Veo claramente que no hay leones en mi camino, solo ángeles e infinitas bendiciones.

20. ANEMIA

(*Correspondencia: deseos que no son alimentados, falta de felicidad.*)

AFIRMACIÓN

Me nutre el Espíritu interior. Cada célula de mi cuerpo está llena de luz. Doy gracias por mi salud radiante y mi felicidad sin fin.

(*Esta declaración se puede usar en la curación de cualquier enfermedad*).

21. OÍDOS

(Sordera. Correspondencia: Fuerte voluntad personal, obstinación y deseo de no escuchar ciertas cosas.)

AFIRMACIÓN

Mis oídos son los oídos del Espíritu. La Luz del Cristo ahora fluye a través de mis oídos disolviendo toda dureza o malformación.

———

Oigo claramente la voz de la intuición y obedezco en forma instantánea.

———

Escucho claramente las buenas nuevas de gran alegría.

22. REUMATISMO

(Correspondencia: búsqueda de defectos, crítica, etc.)

AFIRMACIÓN

La Luz de Cristo ahora inunda mi conciencia disolviendo todos los pensamientos ácidos.

—————

Amo a todos y todos me aman.

—————

Doy gracias por mi radiante salud y felicidad.

23. FALSOS TUMORES

(Correspondencia: celos, odio, resentimiento, miedo, etc., etc.)

AFIRMACIÓN

Toda planta que mi Padre Celestial no haya plantado será desarraigada.

—————

Toda idea falsa en mi conciencia es ahora borrada.

—————

La Luz de Cristo fluye a través de cada célula y doy gracias por mi radiante salud y felicidad ahora y para siempre.

24. ENFERMEDADES DEL CORAZÓN

(Correspondencia: miedo, ira, etc.)

AFIRMACIÓN

Mi corazón es una idea perfecta en la Mente Divina y ahora está en su lugar correcto, haciendo su trabajo correcto.

—————

Es un corazón feliz, un corazón sin temor y un corazón amoroso.

—————

La Luz de Cristo fluye a través de cada célula y doy gracias por mi salud radiante.

25. ANIMALES

(Perro, por ejemplo)

Afirmaciones

Niego cualquier apariencia de desorden. Este perro es una idea perfecta en la Mente Divina y ahora expresa la Idea perfecta de Dios de un perro perfecto.

—————

La Inteligencia Infinita ilumina y dirige a este animal. Es una idea perfecta en la Mente Divina y siempre está en el lugar correcto.

26. LOS ELEMENTOS

El ser humano está hecho a la semejanza e imagen de Dios (Imaginación) y se le da poder y dominio *sobre todas las cosas creadas*.

Tiene el poder de "reprender a los vientos y las olas", controlar las inundaciones o hacer que llueva cuando sea necesario.

Hay una tribu de indios americanos que viven en el desierto y dependen únicamente del poder de la oración, para que llegue la lluvia y riegue sus cultivos. Tienen una danza de la lluvia, que es una forma de oración, pero no se permite que ningún jefe participe si tiene miedo.

Dan exhibiciones de valor antes de ser admitidos en las ceremonias.

Una mujer, que presenció una de estas ceremonias, me dijo que de un cielo azul salió un diluvio de lluvia, mientras el sol continuaba brillando.

AFIRMACIÓN DEL FUEGO

El fuego es el amigo del ser humano y siempre está en su lugar correcto haciendo su trabajo correcto.

AFIRMACIÓN DE LA SEQUÍA

No hay sequía en la Mente Divina. Doy gracias por la cantidad adecuada de lluvia para alimentar estos cultivos o huertos. Veo claramente este suave aguacero y su manifestación es *ahora*.

AFIRMACIÓN DE TORMENTAS

El Cristo interior reprende ahora los vientos y las olas y llega una gran calma. Veo claramente la paz establecida en tierra y mar.

27. UN VIAJE

AFIRMACIÓN

Doy gracias por el viaje Divinamente planeado bajo las condiciones Divinamente planeadas con la provisión Divinamente planeado.

28. PUNTOS DIVERSOS

Aquello que no te gusta u odias seguramente vendrá sobre ti, ya que cuando la persona odia, crea una imagen vívida en la mente subconsciente y se objetiva.

La única forma de borrar estas imágenes es a través de la no resistencia. (*Ver El Juego de la Vida y Cómo Jugarlo.*)

Por ejemplo: una mujer estaba interesada en un hombre que le hablaba repetidamente de sus encantadoras primas. Como esto la hacía sentir celosa, se resintió y lo sacó de su vida.

Más tarde conoció a otro hombre que le atraía mucho. Este, en el curso de su conversación, mencionó a algunas primas de las que estaba muy orgulloso.

Ella primero se resintió, pero luego rio, porque aquí estaban de nuevo sus viejas amigas "las primas".

Esta vez ella intentó la *no resistencia*. Bendijo a todas las primas en el Universo y les envió buena voluntad, porque sabía que, si no lo hacía, todos los hombres que conocería estarían llenos de familiares mujeres. Y su estrategia resultó exitosa, porque nunca volvió a escuchar que le mencionaran a ninguna "prima".

Esta es la razón por la que muchas personas tienen experiencias infelices que se repiten en sus vidas.

Conocí a una mujer que se jactaba de sus problemas. Ella iba por la vida diciéndole a la gente; "¡Yo sé bien lo que es tener problemas!" y luego esperaba sus palabras de simpatía. Por supuesto, en cuanto más mencionaba sus problemas, más problemas tenía, porque por sus palabras ella "*era condenada*".

Ella debía haber usado sus palabras para neutralizar sus problemas en lugar de multiplicarlos.

Por ejemplo, si hubiese dicho repetidamente:

"Lanzo toda carga sobre mi Cristo interior y me libero", y no hubiese expresado sus dolores, estos se habrían desvanecido de su vida, porque "por tus palabras, serás justificado".

———————

"Te daré la tierra que ves."

El ser humano siempre está cosechando en lo externo lo que ha sembrado en su mundo de pensamiento.

Por ejemplo:

Una mujer necesitaba dinero y caminaba por la calle afirmando que Dios era su suministro y provisión inmediata.

Miró hacia abajo y a sus pies vio un billete de dos dólares, que recogió.

Un hombre que estaba cerca (el vigilante de un edificio) le dijo: "Señora, ¿recogió algo de dinero? ¡Yo pensé que era una envoltura de goma de mascar! Mucha gente le pasó por encima, pero cuando usted llegó, el billete se abrió como una hoja ".

Los otros, mientras pensaban en sus carencias, lo habían pasado por alto, pero ante sus palabras de fe el billete se desplegó ante su vista.

Así sucede con las oportunidades en la vida—una persona las ve, mientras muchos otros les pasan de lado o por encima.

———

"La fe sin obras (o acción) está muerta".

El estudiante, para manifestar la respuesta a su oración, debe mostrar una fe activa.

Por ejemplo:

Una mujer vino a pedirme que pronunciara la palabra para que se pudiese alquilar una habitación.

Le di la declaración: "Doy gracias porque la habitación ahora ha sido alquilada al hombre correcto y perfecto, por el precio correcto, brindándole una satisfacción perfecta".

Transcurrieron varias semanas, pero la habitación seguía sin alquilarse.

Le pregunté: "¿Has demostrado una fe activa? ¿Has seguido cada corazonada con respecto a esta habitación?" Ella respondió: "Tuve la corazonada de conseguir una lámpara para la habitación, pero decidí que no podía pagarla". Le dije: "Nunca alquilarás la habitación hasta que obtengas la lámpara, porque al comprar la lámpara estás actuando *con fe,* impresionando la mente subconsciente *con certeza".*

Le pregunté: "¿Cuál es el precio de la lámpara?" Ella respondió: "Cuatro dólares". Exclamé: "¡Cuatro dólares se interponen entre tú y el hombre perfecto!"

Se entusiasmó tanto que compró dos lámparas.

Transcurrió aproximadamente una semana y entró el hombre perfecto. No era fumador, pagaba el alquiler por adelantado y cumplía su ideal en todos los sentidos.

A menos que *te conviertas en un niño pequeño* y caves tus trincheras, *no entrarás en el Reino* de la manifestación.

(Ver El Juego de la Vida y Cómo Jugarlo.)

———————

"Sin visión, mi pueblo perecerá".

A menos que la persona tenga algún objetivo, alguna Tierra Prometida que esperar, comienza a perecer.

Lo vemos tan a menudo en pequeños pueblos rurales, en hombres que se sientan alrededor de una estufa durante todo el invierno y que "no tienen ambición".

Dentro de cada uno hay un territorio por descubrir, una mina de oro.

Conocí a un hombre en una ciudad rural a quien llamaban "Magnolia Charlie", porque siempre encontraba la primera magnolia en la primavera. Era zapatero, pero cada tarde salía de su trabajo e iba a la estación para ver llegar el tren de las cuatro y quince que venía de una ciudad distante.

Eran los únicos romances en su vida, la primera magnolia y el tren de las cuatro y quince.

De seguro sentía vagamente el llamado de la visión en su mente superconsciente. Sin duda, el diseño divino para él incluía los viajes; o quizás estaba llamado a convertirse en un genio en el mundo de las plantas.

A través de la *palabra hablada*, podemos liberar el Diseño Divino y cada uno puede cumplir su destino.

"Ahora veo claramente el plan perfecto de mi vida. El entusiasmo divino me enciende y ahora cumplo mi destino".

La actitud espiritual hacia el dinero es saber que Dios es nuestro suministro y que lo extraemos de la abundancia de las esferas, del Universo, a través de la fe y de la *palabra hablada*.

Cuando comprendemos esto, perdemos toda la codicia por el dinero, y no tenemos miedo de dejarlo fluir.

Con su "cartera mágica del Espíritu", su suministro es infinito e inmediato, y también sabe que el dar precede al recibir.

Por ejemplo:

Una mujer vino a pedirme que *pronunciara la palabra* por quinientos dólares que requería para el primero de agosto (era aproximadamente primero de julio). Como la conocía muy bien, le dije: "El problema contigo es que no das suficiente. Debes abrir tus canales de suministro dando."

Ella había aceptado una invitación para visitar a una amiga, pero no quería ir a causa del compromiso que tenía. Me dijo: "Por favor, hazme un tratamiento para ser cortés por tres semanas, pues quiero volver lo antes posible, y asegúrate de *pronunciar la palabra* por los quinientos dólares".

Fue a la casa de su amiga, la pasó infeliz e inquieta y trató continuamente de irse, pero siempre fue persuadida de quedarse más tiempo. Sin embargo, recordó mi consejo, y comenzó a dar regalos a la gente alrededor. Siempre que podía daba un pequeño regalo.

El primero de agosto se acercaba y no había señales de los quinientos dólares, y tampoco había manera de escapar de la visita a su amiga.

El último día de julio, se dijo: "¡Dios mío, quizá no he dado suficiente!" Así que dio a todos los sirvientes una propina mayor de lo que había previsto.

El primero de agosto, su anfitriona le dijo: "Querida, quiero hacerte yo un regalo", ¡y le entregó un cheque por quinientos dólares!

Dios obra de maneras inesperadas para realizar sus maravillas.

AFIRMACIONES

Dios es incapaz de separación o división; por lo tanto, mi bien es incapaz de separación o división. Yo soy *uno* con mi bien indivisible.

—————

Todo lo que es mío por Derecho Divino ahora se libera y viene a mí de manera perfecta bajo la gracia.

—————

La obra de Dios está terminada ahora y debe manifestarse.

—————

Solo sirvo a la fe y mi abundancia ilimitada se manifiesta.

—————

No me molestan las apariencias. Confío en Dios, y ahora Él me cumple los deseos de mi corazón.

—————

Mi bien ahora me alcanza de una manera sorprendente.

―――――

El Plan Divino de mi vida no puede ser alterado. Es incorruptible e indestructible. Solo espera mi reconocimiento.

―――――

No hay allí, solo está el aquí.

―――――

Revélame el camino, déjame ver claramente la bendición que me has dado.

―――――

Deja que tu bendición se haga en mí este día.

―――――

Las corazonadas son mis sabuesos celestiales, que me guían de la manera perfecta.

―――――

Todas las cosas que busco ahora me están buscando.

La actividad divina ahora está operando en mi mente, cuerpo y asuntos, lo vea o no.

———

Como soy uno con la Única Presencia, soy uno con el deseo de mi corazón.

———

Ahora tengo el ojo único del Espíritu y veo solo la finalización, la concreción.

———

Soy una idea perfecta en la Mente Divina y siempre estoy en mi lugar correcto haciendo mi trabajo correcto en el momento correcto y por la paga correcta.

———

El Cristóbal Colón en ti te ayudará a pasar.

———

Soy un imán irresistible para cheques, billetes y dinero, para todo lo que me pertenece por derecho divino.

Tú en mí significas el estar completo.

———————

Así como lo he pedido, debo recibir.

———————

La ley de Dios es la ley del aumento y doy gracias por aumentar mi bien bajo la gracia de manera perfecta.

———————

Yo habito en un mar de abundancia. Veo claramente mi suministro inagotable. Veo claramente qué hacer.

———————

¡Mi "Mundo de lo maravilloso" ahora se convierte en manifestación real y entro en mi Tierra Prometida bajo la gracia!

———————

Gran paz tengo, yo que amo tu ley de no resistencia, y nada me ofenderá.

———————

Tú en mí eres inspiración, revelación e iluminación.

—————

Nada es *"demasiado bueno para ser verdad"*. Nada es *"demasiado maravilloso para suceder"*. Nada es *"demasiado bueno para durar"*.

CONCLUSIÓN

Elije la afirmación que más te atraiga y agítala sobre la situación a la que te enfrentas. Es tu varita mágica, porque tu palabra es Dios en acción.

"No volverá a mí vacía, sino que cumplirá con aquello para lo que se le envió". (Isaías 55-11.)

"Pero yo digo, ¿no han escuchado? Sí, en verdad, su sonido se extendió por toda la tierra y sus palabras hasta el fin del mundo". (Romanos 10-18.)

FIN

BIBLIOTECA DEL ÉXITO

LOS MEJORES CLÁSICOS DE ÉXITO Y NEGOCIOS

VOL. 1. ORISON SWETT MARDEN

PROSPERIDAD COMO ATRAERLA

PIENSA QUE PUEDES LOGRARLO ¡Y PODRÀS!

LA ALEGRÍA DE VIVIR

VOL. 2. ORISON SWETT MARDEN

EL MILAGRO DE PENSAR CORRECTAMENTE

UNA VOLUNTAD DE HIERRO

AMBICIÓN Y ÉXITO

PEQUEÑOS DIAMANTES DE ÉXITO

VOL. 3. WALLACE D. WATTLES

LA CIENCIA DE HACERSE RICO

LA CIENCIA DE SER EXTRAORDINARIO

COMO OBTENER LO QUE QUIERES

UN NUEVO CRISTO

VOL. 4. FLORENCE SCOVELL SHINN

EL JUEGO DE LA VIDA Y COMO JUGARLO

TU PALABRA ES TU VARITA MAGICA

LA PUERTA SECRETA AL ÉXITO

VOL. 5. WILLIAM WALKER ATKINSON

EL SECRETO DEL ÉXITO

LA LEY DE LA ATRACCIÓN EN EL MUNDO DEL PENSAMIENTO

SUGESTIÓN Y AUTOSUGESTIÓN

VOL. 6. WILLIAM WALKER ATKINSON
COMO THERON Q. DUMONT

ARTE Y CIENCIA DEL MAGNETISMO PERSONAL
CURSO AVANZADO DE MAGNETISMO PERSONAL
EL PLEXO SOLAR

VOL. 7. JAMES ALLEN

COMO UN HOMBRE PIENSA ASÍ ES SU VIDA.
UNA VIDA DE TRIUNFO
LOS OCHO PILARES DE LA PROSPERIDAD

VOL. 8. RALPH WALDO TRINE

EN SINTONIA CON EL INFINITO,
LAS FACULTADES SUPERIORES
EL CREDO DEL CAMINANTE

VOL. 9

DOCE LEYES DE LOS GRANDES EMPRESARIOS, MAURICIO CHAVES
PIENSA ÉXITO, MAURICIO CHAVES
¡EL ARTE DE HACER DINERO!, P.T. BARNUM

VOL. 10. (Sólo disponible en EE.UU)

PIENSE Y HÁGASE RICO, NAPOLEÓN HILL
EL SISTEMA DE LA LLAVE MAESTRA, CHARLES HAANEL
TU PODER INVISIBLE, GENEVIEVE BERNHEND

VOL. 11

ORACULO MANUAL Y ARTE DE LA PRUDENCIA, BALTASAR GRACIÁN
COMO VIVIR EN 24 HORAS AL DÍA, ARNOLD BENNETT
LOS DÓLARES ME QUIEREN, HENRY HARRISON BROWN

VOL. 12

LA VIDA IMPERSONAL, JOSEPH BENNER
LECCIONES EN LA VERDAD, H. EMILIE CADY
METODOS PARA LOGRAR EL ÉXITO, JULIA SETON

VOL. 13

LA MENTE CREATIVA Y EL ÉXITO. ERNEST HOLMES
TU PODER INTERIOR, THOMAS TROWARD
TUS FUERZAS Y COMO USARLAS, CHRISTIAN D. LARSON

VOL. 14

AUTOBIOGRAFIA DE UN YOGUI, PARAMAHANSA YOGANANDA
AUTOBIOGRAFIA, BENJAMIN FRANKLIN
MEDITACIONES, MARCO AURELIO

VOL. 15

LA CONFIANZA EN UNO MISMO, RALPH WALDO EMERSON
EL PROFETA, KHALIL GIBRAN
ACRES DE DIAMANTES, RUSSELL CROMWELL

VOL. 16. EL METODO COUÉ

AUTOSUGESTIÓN CONSCIENTE PARA EL DOMINIO PROPIO, E. COUE
SUGESTIÓN Y AUTOSUGESTIÓN, CHARLES BAUDOIN
LA PRÁCTICA DE LA AUTOSUGESTIÓN POR EL MÉTODO DE E. COUÉ.

VOL. 17. ORISON SWETT MARDEN

EL PODER DEL PENSAMIENTO
LA VIDA OPTIMISTA
SE BUENO CONTIGO MISMO

VOL. 18. ORISON SWETT MARDEN

SIEMPRE ADELANTE
AYUDATE A TI MISMO
IDEALES DE DICHA

Los libros se encuentran disponibles tanto en sus versiones individuales,
o como parte de las colecciones.

MAURICIO CHAVES.

Este versátil autor, abogado, master en finanzas y empresario de bienes raíces, no sólo se ha destacado como traductor de docenas de libros de motivación (al punto que se le ha denominado "*el traductor del éxito*"), así como en otros campos (incluyendo quince novelas de Julio Verne), sino como uno de los autores favoritos de nuestros lectores, con sus libros sobre empresas y sobre el éxito, y sus fascinantes novelas de la Saga del Apocalipsis (Caballeros de Nostradamus), que se han convertido en verdaderos best-sellers tanto en inglés como en español, y que ya cuenta con cuatro novelas.

<u>12 Leyes de los Grandes Empresarios.</u> Tener su propia empresa es el más grande sueño de muchos; pero existen reglas básicas para que el sueño no se vuelva pesadilla. El autor comparte veinte años de experiencia al frente de sus empresas, y de forma sencilla nos comparte sus leyes – muchas aprendidas de forma dolorosa-, para crear empresas exitosas que resistan el paso de los años.

<u>Piensa Éxito.</u> Éxito no es sólo acumular grandes fortunas; sino tener grandes sueños ¡y cumplirlos! Este libro extraordinario nos enseña a soñar, pero también, a ponernos metas claras y a elaborar planes concretos, creyendo en nosotros mismos y en la gran capacidad que tenemos (pero que muchos se empeñan en negarse a sí mismos). Ya es considerado por muchos su libro favorito sobre el éxito. Descubre tú también por qué tantos lo están recomendando...

Círculo de Poder (Caballeros de Nostradamus I) es la primera novela de esta fascinante saga que involucra a Leonardo Da Vinci, Nostradamus, Paracelso, Noé, Julio Verne (entre muchos otros), profecías, antiguos misterios, pirámides y el Fin del Mundo tal y como lo conocemos. Luego del asesinato del Embajador de Costa Rica en Roma, su primo y mejor amigo, Ricardo, un hombre que ha perdido su deseo de vivir, es enviado para encontrar respuestas. Lo que encuentra, sin embargo, es una conspiración internacional de proporciones inimaginables, encaminada a cambiar las estructuras del poder mundial...

La Pirámide del Apocalipsis (Caballeros de Nostradamus II). Una novela acerca de la búsqueda de respuestas sobre las profecías y el destino. Años después del 2012, en el cual el inconsciente colectivo estuvo dominado por el temor al apocalipsis y a las profecías mayas, las cosas parecieron volver a la "normalidad". Sin embargo, eventos que iniciaron hace años, están a punto de alcanzar su clímax... El autor nos introduce nuevamente en su mundo de profecías ocultas mezcladas con pasajes bíblicos, para crear una historia verosímil, en la cual las fronteras entre la realidad y la fantasía se entremezclan haciendo que el lector se cuestione sus propias creencias...

La Profecía de Da Vinci (Caballeros de Nostradamus III). En esta tercera novela de la saga, reencontramos a muchos personajes familiares, pero también a nuevos miembros de este creciente grupo que, sin saberlo aún, lucha por asegurar el futuro de esta Tierra. Nostradamus, Saint Germain, Da Vinci, vuelven en esta novela impredecible, que mantendrá al lector atado al libro hasta llegar a su inesperado clímax...

La Visión de Verne (Caballeros de Nostradamus IV). Julio Verne se une al grupo que lucha por preservar el mundo como lo conocemos; con sus novelas proféticas sobre el fin de la humanidad. La trama se profundiza; nuevos misterios son revelados; y el tiempo para detener el Armagedón se agota.

Made in the USA
Middletown, DE
17 October 2023

41006503R00064